d

VON MENSCH ZU MENSCH

200 Gedanken über das,
was uns ausmacht

Ausgewählt und mit einem Vorwort
von Charles Lewinsky

DIOGENES

Covermotiv: Design von Rahel Bünter
Copyright © Diogenes Verlag

Der Diogenes Verlag wird vom Bundesamt für Kultur
für die Jahre 2021–2024 unterstützt

Originalausgabe

www.diogenes.ch
50/24/68/1
ISBN 978 3 257 07317 1

Für alle Menschen

Ein Säugetier aus der Ordnung der Primaten

Es war wieder einmal eine lange Sitzung gewesen. Die Schöpfungsdirektion hatte ihnen eine lange Reihe neuerfundener Wesen geschickt, und für alle, alle hatte die Nomenklaturkommission einen Namen finden müssen. Meistens ging das ja schnell, einerseits, weil sie gute Ideen hatten und andererseits, weil sie endlich Feierabend haben wollten.

»Flughund?« – »Check.« – »Ameisenbär?« – »Check.«

Nur bei einem der neuen Tiere hatten die Diskussionen länger gedauert, aber das war auch ein seltsames Wesen gewesen, offenbar aus Restbeständen der Schöpfung zusammengestückelt, die alle nicht recht zusammenpassten. Sie hatten sich dann auf »Axolotl« geeinigt.

»Sind wir fertig?«, fragte der Vorsitzende und schob schon seine Wolke zurück.

»Leider nein«, sagte der Sekretär. »Da ist gerade noch eine Nachlieferung hereingekommen.«

Die Kommissionsmitglieder stöhnten nicht – in himmlischen Kreisen weiß man sich zu beherrschen –, aber es war ihnen anzusehen, dass sie lieber Feierabend gemacht hätten. Sie hatten sich schon auf ihren Nektar und ihr Ambrosia gefreut.

»Dann lass halt mal sehen«, sagte der Vorsitzende.

Das Design so ähnlich wie bei den Affen. Zwei Arme. Zwei Beine. Wenig Fell. Alles in allem: Nicht sehr inspirierend.

»Welchen Namen schlägt die Schöpfungsdirektion vor?«

»*Homo sapiens*«, las der Sekretär vor.

»Was?«, sagte der Vorsitzende.

Dann ging die Diskussion los.

Sie konnten natürlich alle Latein, wie sie überhaupt alle Sprachen verstanden, auch die noch nicht erfundenen, und so wussten sie, was *sapiens* bedeutet, und waren sich schnell einig, dass dieses Adjektiv zu dem neuen Wesen überhaupt nicht passte.

»Weise?«, fragte einer.

»Verständig?«, fragte ein anderer.

Und dann lachten sie ein Gelächter, das sie wohl als homerisch bezeichnet haben würden, wenn die *Ilias* damals schon existiert hätte.

»Man sieht doch von Weitem«, meinte einer, »dass das eines der unvernünftigsten Wesen ist, die jemals erfunden wurden.«

Und weil sie selbstverständlich auch in die Zukunft schauen konnten, waren die Gründe für die Ablehnung dieses Vorschlags schnell aufgezählt: »Kriege.« – »Umweltzerstörung.« – »Die Atombombe.«

»Ich bitte um konstruktive Vorschläge«, sagte der Vorsitzende.

»Erdling«, schlug jemand vor.

»Zu allgemein.«

»Krone der Schöpfung?«

»Bitte keine Witze.«

»Wie wär's mit Trottel?«, fragte das jüngste Mitglied.

»Geht leider nicht«, sagte der Sekretär. »Verwechslungsgefahr mit der Trottellumme.«

Aber sie waren sich alle einig, dass der Name eigentlich sehr passend gewesen wäre.

Wie bei allen neuen Wesen lag auch diesem Musterexemplar eine Eigenschaftsliste bei. Aber sie half ihnen auch nicht weiter. Viel zu viel Widersprüchliches, Positives und Negatives, die *Mona Lisa* und der Holocaust. Wie sollte man da einen eindeutigen Namen finden?

Die Diskussion dauerte mehrere Äonen lang, und mit dem Namen, auf den sie sich zum Schluss einigten, waren sie alle nicht wirklich glücklich. Aber es war schon spät, und wenn der Nektar zu lang gezapft ist, moussiert er nicht mehr so angenehm.

Sie nannten das neue Wesen Mensch. Ein Wort, auf das sich nicht einmal etwas reimt.

Und der Streit darüber, was darunter genau zu verstehen ist, geht bis heute weiter.

Charles Lewinsky

Der Mensch ist ein ganz
kurioses Kamel.

Jeremias Gotthelf

Jeder Mensch hat ein Brett
vor dem Kopf – es kommt
nur auf die Entfernung an.

Marie von Ebner-Eschenbach

Was der Sonnenschein für
die Blumen, ist das lachende
Gesicht für die Menschen.

Joseph Addison

Die Menschen neigen dazu,
das Schlechte eher zu glauben
als das Gute.

Giovanni Boccaccio

Der Mensch ist durch seine
Natur auf die Gemeinschaft
mit anderen angelegt.

Aristoteles

Mit zwanzig Jahren
ist der Mensch ein Pfau,
mit dreißig ein Löwe,
mit vierzig ein Kamel,
mit fünfzig eine Schlange,
mit sechzig ein Hund,
mit siebzig ein Affe,
mit achtzig – nichts.

Baltasar Gracián y Morales

Der Mensch ist nur dann wahrhaft
Mensch, wenn er der Selbst-
beherrschung fähig ist, und selbst
dann nur, wenn er sie ausübt.

Mahatma Gandhi

Jeder Mensch ist eine verkleidete Gottheit, ein Gott, der den Narren spielt.

Ralph Waldo Emerson

Ein guter Mensch bleibt immer ein Anfänger.

Marcus Valerius Martial

Wenn ein Mensch ohne
Menschlichkeit ist, was
sollen da gute Formen?

Konfuzius

Ein Mensch kann stolz sein, ohne eitel zu sein. Stolz hat mehr damit zu tun, was wir von uns selbst halten, und Eitelkeit mehr damit, wie wir von anderen gesehen werden wollen.

Jane Austen

Die Menschen gleichen sich in den Worten, aber an den Taten kann man sie unterscheiden.

Molière

Der Mensch sollte mehr
denken als fühlen.

Karel Çapek

Frohsinnige Menschen sind ideenreich.

Li Tai Pe

Rühme dich auf dieser Welt,
Mensch, nicht deines eignen Lichts!
Sonnen sind ob dich gestellt,
Gegen die dein Schein ein Nichts.

Justinus Kerner

Kein Mensch kann den anderen
von seinem Leid befreien;
aber er kann ihm Mut machen,
das Leid zu tragen.

Selma Lagerlöf

Die meisten Menschen sind wie
Stecknadeln: Der Kopf ist nicht
das Wichtigste an ihnen.

Jonathan Swift

Ein guter Mensch, in seinem dunklen Drange,
Ist sich des rechten Weges wohl bewusst.

Johann Wolfgang von Goethe

Wie die Krawatte – so der Mensch.

Honoré de Balzac

Ich denke, Gott hat beim Erschaffen
des Menschen seine Fähigkeit
etwas überschätzt.

Oscar Wilde

Der Mensch ist verloren,
der sich früh für ein Genie hält.

Georg Christoph Lichtenberg

Jeder Mensch hat seinen Preis.

Robert Walpole, 1. Earl of Oxford

Der Mensch, der Gutes wirkt,
gleicht einem Obstgarten, der von
den Früchten guter Werke voll ist.

Hildegard von Bingen

Der Mensch ist, was er glaubt.

Anton Čechov

Zuweilen auch lache ich,
mache Spaß, spiele, bin Mensch.

Plinius der Jüngere

Der Mensch sollte sich
niemals genieren, einen Irrtum
zuzugeben, zeigt er doch damit,
dass er sich entwickelt, dass er
gescheiter ist als gestern.

Jonathan Swift

Jeder Mensch hat denselben
Wert wie die Gegenstände
seiner Bemühungen.

Marcus Aurelius

Der Mensch, der Aristokrat unter den Tieren, der sich besser dünkt als seine Mitgeschöpfe.

Heinrich Heine

Und drei sind eins: ein Mensch, ein Ding, ein Traum.

Hugo von Hofmannsthal

Der Mensch ist, was er isst.

Ludwig Feuerbach

Ein nützlicher Mensch zu sein
Ein nützlicher Mensch zu sein
Ein nützlicher Mensch zu sein
Ein nützlicher Mensch zu sein
Ein nützlicher Mensch zu sein
Erschien mir immer als etwas Abscheuliches.

Charles Baudelaire

Der Mensch bleibt für die Wahrheit kalt. Für die Lüge gerät er in Feuer.

Jean de La Fontaine

Je dümmer der Mensch,
desto mehr Wohlgefallen
hat er an sich selbst.

Johann Nepomuk Nestroy

Der Mensch ist Gottes Ebenbild,
und darum ist er auch niemals ganz
in seiner Herrlichkeit zu verstehen,
so wie es Gott nicht ist.

Bettina von Arnim

Auf dem dunklen Pfad,
auf dem ein Mensch hier
auf Erden gehen muss,
gibt es gerade so viel Licht,
wie er braucht, um den
nächsten Schritt zu tun.
Mehr würde ihn nur blenden.

Moses Mendelssohn

Der Mensch ist nicht das Geschöpf der Umstände. Die Umstände sind die Geschöpfe der Menschen.

Benjamin Disraeli

Die beste Beschreibung des Menschen ist meiner Ansicht nach: der undankbare Zweifüßler.

Fjodor Michailowitsch Dostojewskij

Der Mensch ist das einzige
Lebewesen, das Geschäfte macht.
Kein Hund tauscht einen Knochen
mit einem anderen.

Adam Smith

Alle Menschen sind gewöhnliche
Menschen; die ungewöhnlichen
Menschen sind die, die das wissen.

Gilbert Keith Chesterton

Es nützt nichts, nur ein guter Mensch zu sein, wenn man nichts tut!

Buddha

Die Menschheit kann das Unmögliche glauben, aber nie das Unwahrscheinliche.

Oscar Wilde

Menschen mit einer neuen Idee gelten so lange als Spinner, bis sich die Sache durchgesetzt hat.

Mark Twain

Warum wurde der Mensch
erst am letzten Tag erschaffen?
Damit er, wenn er zu eitel wird,
ermahnt werden kann:
Die Mücke ist älter als du.

Der Talmud

Wahr ist das Meer,
wahr ist das Gebirge,
wahr der Stein,
wahr der Grashalm
aber der Mensch?
Es ist immer maskiert,
auch wenn er es nicht will
und nicht weiß.

Luigi Pirandello

Die Menschen sind im Allgemeinen
nur große Kinder.

Napoleon Bonaparte

Der Mensch ist nie zufrieden.

Rosa Luxemburg

Nur lang-
weilige
Menschen
sind beim
Frühstück
brillant.

Oscar Wilde

Kein Mensch ist eine Insel,
ganz für sich allein, jeder Mensch
ist ein Stück des Kontinents.

John Donne

Der Mensch hat viele Fähigkeiten,
aber das größte Talent entwickelt er
bei der Vernichtung der Natur.

Rūmī

Im Unglück lernt der Mensch sich selbst am besten kennen, weil er dann die wenigsten Bewunderer hat.

Samuel Johnson

Der Mensch ist nur Mensch
durch Sprache; um aber die
Sprache zu erfinden, müsste
er schon Mensch sein.

Wilhelm von Humboldt

Der Mensch ist eine vollständige Menagerie.

Friedrich Hebbel

Mensch, werde wesentlich!
Denn wenn die Welt vergeht,
so fällt der Zufall weg:
Das Wesen, das besteht.

Angelus Silesius

Der Mensch ist die Summe
seiner Vorfahren; um ihn
zu bessern, muss man mit
einem toten Affen beginnen
und sich durch eine Million
Gräber durcharbeiten.

Ambrose Bierce

Jedes Kind kommt mit der Botschaft,
dass Gott vom Menschen noch nicht
enttäuscht ist.

Rabindranath Tagore

Dann sieh, dass du Mensch
bleibst: Mensch sein ist
vor allem die Hauptsache.

Rosa Luxemburg

Der Mensch ist ein wunderbar eitles, vielfältiges und unbeständiges Subjekt.

Michel de Montaigne

Was muss der Mensch? Muss schlafen und denken,
Muss essen und feilschen und Karren lenken,
Muss wuchern mit seinem halben Pfund.
Muss beten und lieben und fluchen und hassen,
Muss hoffen und muss sein Glück verpassen
Und leiden wie ein geschundener Hund.

Erich Mühsam

Jeder Mensch liebt Komplimente.

Abraham Lincoln

Der Mensch ist doch wie
ein Nachtgänger; er steigt
die gefährlichsten Kanten
im Schlafe.

Johann Wolfgang von Goethe

Von den Lebewesen lacht allein der Mensch.

Aristoteles

Jeder Mensch muss seine
Schicksalsschläge haben.

Friedrich der Große

Der Mensch ist der Anfang der Religion, der Mensch der Mittelpunkt der Religion, der Mensch das Ende der Religion.

Ludwig Feuerbach

Der Mensch ist ein Gewohnheitstier.

Gustav Freytag

Jeder Mensch hat seinen Gegenmenschen in sich.

Robert Musil

Der Mensch, weil er ein Mensch ist und ein Gewissen hat, ist im Verhältnis zu einem Esel oder zu einer Krabbe ein krankes Tier.

Miguel de Unamuno

Wie liebenswürdig ist doch der
Mensch, wenn er Mensch ist.

Menande

Ein wahrhaft großer Mensch verliert
nie die Einfachheit eines Kindes.

Konfuzius

Der Mensch
ist sterblich
in seinen
Ängsten und
unsterblich
in seinen
Wünschen.

Pythagoras von Samos

Sicherlich würde das menschliche Leben weit glücklicher verlaufen, wenn der Mensch ebenso gut zu schweigen wie zu reden vermöchte. Aber die Erfahrung lehrt uns mehr als genug, dass der Mensch nichts so schwer beherrscht wie seine Zunge.

Baruch Spinoza

Der Mensch ist ein kleines Ding,
wenn er sich nicht über sich selbst
und alle Dinge zu erheben vermag.

Meister Eckhart

Menschen diskutieren. Die Natur handelt.

Voltaire

Mensch sein heißt, dem Leben
ein Gleichnis entgegenzusetzen.

Franz Werfel

Der Mensch soll die Mitte
zwischen der Pflanze
und dem Gespenste sein.

Friedrich Nietzsche

Von den Menschen kann man
im Allgemeinen das sagen,
dass sie undankbar, wankelmütig,
heuchlerisch, Gefahren fliehend,
nach Gewinn begierig sind.

Niccolò Machiavelli

Der Mensch ist für immer allein.

Aleister Crowley

Seltsames Tier der Mensch! und Weiber gar!
Ihr Kopf, ihr Herz, was für ein Labyrinth!
Was für ein Strudel, tief und voll Gefahr!
Vermählt, verwitwet, ledig, immer sind
Sie rastlos wie der Wind und wandelbar.
Man glaubt man kenne sie, und dann beginnt
Die Sache oft recht rätselhaft zu werden;
Das ist uralt und immer neu auf Erden.

George Gordon Byron

Der Mensch ist bald vergessen,
der Mensch vergisst so bald,
der Mensch hat nichts besessen,
er sterb' jung oder alt.

Achim von Arnim

Der Mensch ist der einzige
Fehler der Natur.

William Schwenck Gilbert

Der Mensch ist ein wahrer
Narziss, er bespiegelt sich überall
gern selbst, er legt sich als Folie
der ganzen Welt unter.

Johann Wolfgang von Goethe

Die meisten seiner Leiden schafft der Mensch sich selbst.

Euripides

Der Mensch ist sein eigener Stern.

John Fletcher

Über das Leben der meisten
Menschen lässt sich nur sagen,
dass sie sehr, sehr lange nicht
gestorben sind.

Karl Kraus

Das menschliche Wesen ist kein dem einzelnen Individuum innewohnendes Abstraktum. In seiner Wirklichkeit ist es das Ensemble der gesellschaftlichen Verhältnisse.

Karl Marx

Jeder Mensch ist immer jemandes Kind.

Pierre Augustin Caron de Beaumarchais

Ein vornehmer Mensch tadelt sich selbst, ein gewöhnlicher die andern.

Konfuzius

Der Mensch ist ein Wesen
auf der Suche nach Sinn.

Platon

Obwohl den meisten Menschen
die Vernunft bis zu einem
bestimmten Grade zugänglich
ist und sie zum Beispiel zu
zählen vermögen, wenden sie
sie doch im alltäglichen Leben
nur sehr wenig an.

Thomas Hobbes

Der Mensch sollte sich also
verhalten, als wenn er täglich
ins Grab gehen würde.

Thomas a Kempis

Mensch sein ist mehr
als Europäer sein.

August Strindberg

Der Mensch ist ein Wesen ohne festes Lebensalter, ein Wesen, das die Fähigkeit besitzt, in wenigen Sekunden wieder um Jahre jünger zu werden.

Marcel Proust

Welch ein Meisterwerk ist der Mensch!

William Shakespeare

Mensch: das einzige Lebewesen, das erröten kann. Es ist aber auch das einzige, das Grund dazu hat.

Mark Twain

Der Mensch ist frei; aber er ist
nicht mehr frei, wenn er nicht
an seine Freiheit glaubt.

Giacomo Girolamo Casanova

Der Mensch, das Augenwesen,
braucht das Bild.

Leonardo da Vinci

Es gibt keine schönere Musik,
denn so der Mensch von innen
wohl zusammen ist gestimmt.

Jakob Böhme

Der Mensch, der eine gute Tat
vollbracht hat, soll nicht viel
Aufhebens davon machen,
sondern zu einer neuen schreiten.

Marcus Aurelius

Miss nie
einen
anderen
Menschen
an deiner
eigenen
Schwäche.

Joseph Conrad

Der Mensch tut gut daran,
einen Bleistift bei sich zu tragen
und die Gedanken, wenn sie
kommen, niederzuschreiben.

Francis Bacon

Jedermann wird zugestehen, dass
der Mensch ein soziales Wesen ist.

Charles Darwin

Der Mensch
ist eine
Sonne.
Seine Sinne
sind kleine
Planeten.

Novalis

Es gibt keinen einsameren Menschen
als den, der nur sich selbst liebt.

Abraham Ben Ezra

Je weniger der Mensch braucht,
desto mehr nähert er sich den
Göttern, die gar nichts brauchen.

Sokrates

Das Herz des Menschen gleicht
sehr dem Meer, es hat seine Stürme,
seine Gezeiten, und in der Tiefe
hat es auch seine Perlen.

Vincent van Gogh

Enttäuscht vom Affen, schuf Gott den Menschen. Danach verzichtete er auf weitere Experimente.

Mark Twain

Jeder Mensch
will lieber
glauben,
als sich selbst
ein Urteil
zu bilden.

Lucius Annaeus Seneca

Der Mensch ist etwas,
das überwunden werden soll.

Friedrich Nietzsche

Nie hält der Mensch sich selbst
für glücklich, außer, wenn er das
genießen kann, was die anderen
nicht haben und ersehnen.

Alexander Pope

Der einfachste Mensch ist immer noch ein sehr kompliziertes Wesen.

Marie von Ebner-Eschenbach

Der Mensch ist ein Nicht-Loch,
und das Loch ist das Primäre.

Kurt Tucholsky

Der schlimmste Mensch
ist der, dessen Zunge schärfer
ist als der Verstand.

Moses ben Jakob ibn Esra

Der Mensch muss von innen her
mit Säulen und Bogen gestützt sein,
sonst zerfällt der Tempel zu Staub.

Marcus Aurelius

Sei ein Philosoph, aber in
all deiner Philosophie sei
immer noch ein Mensch.

David Hume

Ein Maulwurf in dem Geistlichen,
im Weltlichen ein Luchs,
ein Esel in dem Nützlichen,
im Schädlichen ein Fuchs
ist jeder Mensch,
der seinen Geist,
der himmlisch ist,
mit Erde speist.

Friedrich von Logau

Was für eine staunenswerte,
was für eine unbegreifliche
Maschine ist der Mensch!

Thomas Jefferson

Im Sumpf des Elends wird der Mensch kein Mensch.

Johann Heinrich Pestalozzi

Der Mensch ist so, wie der Himmel
ihn geschaffen hat, und manchmal
sehr viel schlechter.

Miguel de Cervantes Saavedra

Von allen Tieren, die in der Luft
fliegen, an Land laufen oder
im Meer schwimmen, von Paris
bis Peru, von Japan bis Rom,
ist das dümmste Tier meiner
Meinung nach der Mensch.

Nicolas Boileau-Despreaux

Der Mensch ist ein Schatten, der bald vergeht.
Der Mensch ist ein Rauch, der nicht lange währt,
er ist ein Feuer, das sich bald verzehrt.
Der Mensch ist ein Wasser, das bald abrinnt,
er ist eine Kerze, die bald abnimmt.
Der Mensch ist ein Glas, das bald zerbricht,
er ist ein Traum, er zeiget sich nicht.
Der Mensch ist ein Wachs, das bald erweicht,
er ist eine Rose, die bald verbleicht.
Der Mensch ist ein Fleisch, das bald stinkt;
er ist ein Schiffchen, das bald sinkt.

Abraham a Sancta Clara

Der Mensch ist nur das Produkt seiner
Gedanken. Was er denkt, wird er.

Mahatma Gandhi

Kein Mensch muss müssen.

Gotthold Ephraim Lessing

Das Einhorn lässt sich gut mit Bäumen fangen,
Der Löw' im Netz, der Elefant in Gruben,
Der Bär mit Spiegeln und der Mensch –
durch Schmeichler.

William Shakespeare

Die Menschen sind vor einfachen Ideen wie die Fledermäuse vor dem Licht: blind nämlich.

Aristoteles

Der Mensch sollte sich über nichts mehr wundern als darüber, dass er sich noch wundern kann.

François de la Rochefoucauld

Der Mensch ist des Menschen
erster und vorzüglichster Lehrer.

Johann Gottfried Herder

Mensch werden ist eine Kunst.

Novalis

Die Freiheit ist jedem gegeben.
Wenn der Mensch sich zum
Guten wenden und ein Gerechter
werden will, so kann er das.

Mosche ben Maimon

Der Mensch ist seinem Wesen
nach ein dummes Tier, und
seine geistigen Fortschritte sind
nur eitle Mühen seiner Unrast.

Anatole France

Denn in den Räumen dieser Wunderwelt ist eben
Nur ein Traum das ganze Leben;
Und der Mensch, das seh ich nun
Träumt sein ganzes Sein und Tun,
Bis zuletzt die Träum' entschweben.

Pedro Calderón de la Barca

Der Mensch ist dem
Menschen ein Wolf.

Titus Maccius Plautus

Wertvoller Mensch ist streitlos.
Streitender Mensch ist wertlos.

Laotse

Ein Mensch kann so viel von allem sein, dass er von nichts etwas ist.

Samuel Johnson

Hienieden braucht der Mensch nicht viel,
Noch braucht er's lange Zeit.

Oliver Goldsmith

Der Mensch ist ganz sicher völlig
verrückt: Er kann keinen Wurm
erschaffen und erschafft doch
Götter im Dutzend.

Michel de Montaigne

Die wahre Aufgabe eines Menschen ist es zu leben, nicht nur zu existieren.

Jack London

Der Mensch ist ein anbetendes Tier.

Charles Baudelaire

Die Einsamkeit wäre ein idealer
Zustand, wenn man sich die
Menschen aussuchen könnte,
die man meidet.

Karl Kraus

Der Mensch ist von Natur aus gut.

Hildegard von Bingen

Der Mensch sieht meistens wie man spricht,
im Auge seinen Balken nicht;
und hält ihn auch noch –
das ist bitter –
im Spiegel nur für einen Splitter.

Wilhelm Busch

Einst wart
ihr Affen,
und auch
jetzt noch ist
der Mensch
mehr Affe
als irgendein
Affe.

Friedrich Nietzsche

Der Mensch wird, was er ist.

Ernst Toller

Wie ein Baum hart wird und dann
die Unbilden des Himmels und
die Unwetter in den Lüften erträgt,
genau so erträgt der Mensch, sobald
er härter geworden, Beschwerden
der Welt und Stürme des Geschicks,
die er nicht ertragen hätte, solange
er noch zarter war.

Francesco Petrarca

Die Zeit geht hin, und der Mensch gewahrt es nicht.

Dante Alighieri

Es irrt der Mensch,
solang er strebt.

Johann Wolfgang von Goethe

Mancher Mensch hat weniger Klugheit als ein Tier und denkt nicht ans Alter, bis es da ist.

Daniel Defoe

Der unzufriedene Mensch findet
keinen bequemen Stuhl.

Benjamin Franklin

Der Mensch ist Zeuge
wider sich selber.

Der Koran

Der weise Schopenhauer spricht –
Und gern betret' ich seine Spur:
Ein jedes Menschen Angesicht
Ist ein Gedanke der Natur.

Es folgt daraus das Eine nur,
Wenn man dem Worte Glauben schenkt:
Dass auch die ewige Natur
Mehr Dummes als Gescheites denkt.

Oscar Blumenthal

Der Mensch ist ein Wirbeltier
und hat eine unsterbliche Seele
sowie auch ein Vaterland, damit
er nicht zu übermütig wird.

Kurt Tucholsky

Ein Mensch, der leidet, bevor es nötig ist, leidet in seinem Leben mehr, als nötig ist.

Lucius Annaeus Seneca

Und wird die Welt auch noch so alt,
der Mensch, er bleibt ein Kind!
Zerschlägt sein Spielzeug mit Gewalt,
wie eben Kinder sind!

Wann alles erst in klein zerstückt
und nichts mehr zu verderben,
so sucht er wieder – neubeglückt –
und spielt dann mit den Scherben.

Carl Spitzweg

Ich finde, wir sollten erst Menschen
sein und danach Untertanen.

Henry David Thoreau

Der Mensch ist das Maß aller Dinge.

Protagoras

Der Mensch ist schön, aber die
Menschen sind Schweine.

Johann Nepomuk Nestroy

Die meisten Menschen sind so
glücklich, wie sie es sich selbst
vorgenommen haben.

Abraham Lincoln

Der Mensch ist ein hohes
Wunder im chaotischen Dunkel
der unerforschten Natur.

Johann Heinrich Pestalozzi

Jeder Mensch sollte sich an seinem
eigenen Maßstab messen.

Quintus Horatius Flaccus

Es gibt keinen wahren Reichtum
außer dem Menschen und
der Erde. Der Mensch ist wertlos
ohne die Erde und die Erde
wertlos ohne den Menschen.

Denis Diderot

Der Mensch ist irgendwie alles.

Thomas von Aquin

Jeder Mensch
von Genie
hat seine
Verleumder.

Edgar Allan Poe

Der Mensch ist das einzige Geschöpf,
das erzogen werden muss.

Immanuel Kant

Der Mensch bedarf des Menschen sehr
Zu seinem großen Ziele,
Nur in dem Ganzen wirket er,
Viel Tropfen geben erst das Meer,
Viel Wasser treibt die Mühle.

Friedrich Schiller

Ein Mensch bleibt weise,
solange er die Weisheit sucht;
sobald er sie gefunden zu haben
wähnt, wird er ein Narr.

Der Talmud

Der Mensch ist nicht
Herr seiner selbst.

Sigmund Freud

Jeder Mensch gilt in dieser Welt nur so viel, als wozu er sich selbst macht.

Adolph Knigge

Der Mensch ist eher
ein vernünftelndes als
ein vernünftiges Tier.

Alexander Hamilton

Ich wundere mich nicht,
dass die Menschen böse sind,
aber ich wundere mich häufig,
dass sie sich nicht schämen.

Jonathan Swift

Ein Mensch, der mit vierzig
die Menschen nicht hasst,
hat sie nie geliebt.

Honoré de Balzac

Der ist kein freier Mensch,
der sich nicht auch einmal dem
Nichtstun hingeben kann.

Marcus Tullius Cicero

Ein Mensch mit gutem Witz ist eine seltene Ware.

Jean de La Bruyère

Der Mensch hat zwei Ohren und
eine Zunge, damit er doppelt so
viel hören kann, wie er spricht.

Epiktet

Wahrlich ist der Mensch der König
aller Tiere, denn seine Grausamkeit
übertrifft die ihrige.

Leonardo da Vinci

Kein Mensch erklärt die Rätsel der Natur,
Kein Mensch setzt einen Schritt nur aus der Spur,
Die seine Art ihm vorschrieb, und es bleibt
Der größte Meister doch ein Lehrling nur.

Omar Chayyām

Für Menschen, nur durch
Menschen wird der Mensch.

Franz Grillparzer

Die Menschen sind nicht immer,
was sie scheinen, aber selten
etwas Besseres.

Gotthold Ephraim Lessing

Als Natur-
wesen bleibt
der Mensch
an den Körper
gebunden,
als Geistes-
wesen aber
hat er Flügel.

Platon

Der Mensch ist an sich
schon ein hinreichender
Grund zur Traurigkeit.

Menande

Wer alles ernst nimmt, was Menschen sagen,
darf sich nicht über Menschen beklagen.

Christian Morgenstern

Nie kommt
ein Mensch
aus Vernunft
zur Vernunft.

Charles de Secondat,
Baron de Montesquieu

Der Mensch ist frei geboren, und
dennoch ist er überall in Ketten.

Jean-Jacques Rousseau

Der Mensch ist ein Paradox.

Friedrich Dürrenmatt

Der Mensch ist das einzige Wesen,
das nichts weiß und nichts wissen
kann, ohne dass man es ihm
beibringt. Er kann weder sprechen
noch gehen noch essen, kurz:
Von Natur aus kann er nichts
als weinen.

Plinius der Ältere

Welches Ansehen kann ein Mann
als Beamter haben, den man als
Mensch verachten muss?

Elisabeth I.

Der Mensch ist von Geburt
an gut, aber die Geschäfte
machen ihn schlecht.

Konfuzius

Am ungezwungensten geben sich
Menschen, die tanzen können.

Alexander Pope

Wer keinen Charakter hat, ist kein Mensch, er ist nur eine Sache.

Nicolas Chamfort

Der Mensch ist das einzige Tier,
das mit den Opfern, die es fressen
will, befreundet bleiben kann,
bis es sie frisst.

Samuel Butler

Der Mensch ist nur ein Schilfrohr,
das schwächste der ganzen Natur,
aber er ist ein denkendes Schilfrohr.

Blaise Pascal

Was der
Mensch sät,
das wird er
ernten.

Die Bibel

Jeder Mensch ist ein Abgrund, es schwindelt einem, wenn man hinabsieht.

Georg Büchner

Ungeheuer ist viel, und nichts
ungeheurer als der Mensch.

Sophokles

Des Menschen grausamster Feind
ist der Mensch.

Johann Gottlieb Fichte

Der Mensch ist nur dort ganz Mensch, wo er spielt; und er spielt nur dort, wo er ganz Mensch ist.

Friedrich Schiller

In jedem Mensch ist Sonne, man muss sie nur zum Leuchten bringen.

Sokrates

Die Menschen sind wesentlich böse, wesentlich unglücklich, wesentlich dumm.

Arthur Schopenhauer

Der Mensch hat einen unwider-
stehlichen Trieb zu glauben,
man sähe ihn nicht, wenn er
nichts sieht. Wie die Kinder,
die die Augen zuhalten, um
nicht gesehen zu werden.

Georg Christoph Lichtenberg

Der Mensch kann
gegen seinen Willen
überzeugt werden,
aber nicht erfreut.

Samuel Johnson

Jeder Mensch ist ein neuer
Versuch der Natur, über sich
ins Reine zu kommen.

Christian Morgenstern

Der Mensch ist erst dann wirklich frei, wenn er eine Einladung zum Abendessen ablehnen kann, ohne eine Ausrede nötig zu haben.

Jules Renard

»Der Diogenes Verlag will durch lesbare Literatur unterhalten, durch Neues vor den Kopf stoßen, aber auch Altes neu entdecken; das ›Neue um des Neuen willen‹ übersehen und so das Modische vom Modernen unterscheiden. So viel wirklich Neues kann es gar nicht geben. Echte Avantgarde, sagt Karl Kraus, ist nichts anderes als der mutige Rückschritt zur Vernunft – und an das Neue, das nur aussieht wie das Alte, muss man sich erst gewöhnen.«

DANIEL KEEL